Lecciones

en

liberación

Loren VanGalder

Spiritual Father Publication

Contenidos

Introducción

Liberación era una parte importante del ministerio de Jesús; había mucha gente demonizada aun entre el pueblo escogido de Dios. Jesús envió a sus discípulos para echar fuera demonios, y lo hicieron. Liberación también era una parte importante del ministerio de la iglesia primitiva.

Hoy en día muchas veces pensamos en liberación a la luz del drama de las películas. Aunque la iglesia Católica cree en el exorcismo y lo practica, e iglesias pentecostales son conocidas por liberaciones dramáticas, lamentablemente, en realidad, no tiene lugar en la mayoría de iglesias. ¿Por qué? ¿Hay menos actividad de demonios hoy? Yo creo lo contrario: Con la influencia secular en el mundo de hoy, hay más demonización que nunca. Yo llevaba 21 años ministrando como un capellán en prisiones federales de los Estados Unidos, las cuales son llenas de gente oprimida por el diablo. Yo veo mucha evidencia de demonización – ¡a menudo en la iglesia!

¿Qué hay de ti? ¿Crees en liberación? La mayoría de los cristianos no están preparados ni cómodos para tratar con ella. Aun peor, tampoco están la mayor parte de pastores. Es difícil encontrar enseñanzas balanceadas acerca del tema. Muchos basan sus creencias en películas o experiencia personal.

Liberación es un ministerio difícil. Es una tentación ignorarla, pero eso deja a multitudes oprimidas por las fuerzas del diablo. Jesús esperaba que la liberación fuera parte del ministerio de sus discípulos, y fue desilusionado y aun enojado cuando fracasaron. Cristo atribuyó su fracaso a la falta de fe, oración, y ayuno. Cualquier creyente lleno del Espíritu, con una fe viva, tiene autoridad sobre espíritus inmundos. A diferencia de la curación, no hay don espiritual específico, aunque el don de discernimiento de espíritus es útil.

No hay mucho escrito sobre liberación en el Nuevo Testamento, y no hay pasajes didácticos claros, pero vamos a estudiar cada liberación en los evangelios y Hechos. Mi oración es que estos estudios te den el ánimo para levantarte en la autoridad que Dios te ha dado, para ser un instrumento que Dios puede usar para liberar a muchos, y guiarlos a la plenitud de una vida llena del Espíritu Santo.

1 Saber cuando bajar de tu barca, y cuando subir

Marcos 5:1-20

¹*Entonces llegaron al otro lado del lago, a la región de los gerasenos. ²Cuando Jesús bajó de la barca, un hombre poseído por un espíritu maligno salió del cementerio a su encuentro.*

¿Quieres ser usado por el Señor? A veces se queda en casa, preguntándole al Señor: "¿Qué quieres que yo haga? Quiero saber tu voluntad." Claro que a veces tenemos que esperar para que el Espíritu nos guíe, pero a veces simplemente tenemos que subir a la barca e irnos con Jesús. Cuando andas con Jesús, nunca sabes lo que va a suceder. A veces tienes que ir al otro lado, a un lugar donde nadie quiere ir. Los judíos nunca iban al decápolis, la región de los gerasenos: diez ciudades gentiles al lado este del rio Jordán. Sabemos que Jesús no estaba solo: dice que **ellos** *llegaron*. Para los discípulos, sería otra aventura más no solicitada, como cuando Jesús pasó por Samaria. Nunca más menciona a ellos. De allí en adelante solo habla de Jesús; es muy posible que los discípulos no querían bajarse y se quedaron en la barca. Cuando Jesús baja de la barca, no te quedes (a menos que él te lo mande), aunque puedes estar en un lugar donde no quieres bajar.

A veces Jesús te dice adónde vas y por qué, pero muchas veces no. Es posible que Jesús sabia, pero en este caso yo creo que no. A veces tienes que subir a una barca sin saber a donde vayas. Jesús no arregló unas reuniones. Parece que no conocía a nadie allí; su fama no había llegado a esa región. Jesús fue en obediencia a su padre, y vamos a ver que hizo todo ese viaje para un solo hombre, como Felipe y el eunuco etíope (Hechos 8:26-40). ¿Estás dispuesto a hacer lo mismo? Confía en el Señor. Si estás guiado por el Espíritu, Él te mandará la gente que Él ha preparado, aunque no sea a quienes tú estabas esperando. ¿Es tu tiempo para subir en la barca con Jesús?

³ Este hombre vivía entre las cuevas de entierro y ya nadie podía sujetarlo ni siquiera con cadenas. ⁴ Siempre que lo ataban con cadenas y grilletes —lo cual le hacían a menudo—, él rompía las cadenas de sus muñecas y destrozaba los grilletes. No había nadie con suficiente fuerza para someterlo. ⁵ Día y noche vagaba entre las cuevas donde enterraban a los muertos y por las colinas, aullando y cortándose con piedras afiladas.

¿Puedes reconocer a una persona endemoniada?

El diablo vino a robar, matar, y destruir. No seas engañado: él es real, y la Biblia habla claramente de espíritus inmundos y gente endemoniada. A veces es muy obvio, como en este caso. Pueden estar fuera de control e involucrados en prácticas autodestructivas, pero este era un caso extremo: Tenía miles de demonios. Es muy posible que haya gente endemoniada a tu alrededor. ¿Sabes qué hacer si encuentras a uno? En la Biblia, ni Jesús ni los apóstoles fueron buscando demonios. De hecho, muchas veces parece que querían evitarlos. Pero también es claro que tenían la autoridad para echarlos fuera. Dios quiere capacitar a sus siervos para ministrar a gente atormentada.

⁶ Cuando Jesús todavía estaba a cierta distancia, el hombre lo vio, corrió a su encuentro y se inclinó delante de él.⁷ Dando un alarido, gritó: «¿Por qué te entrometes conmigo, Jesús, Hijo del Dios Altísimo? ¡En el nombre de Dios, te suplico que no me tortures!».⁸ Pues Jesús ya le había dicho al espíritu: «Sal de este hombre, espíritu maligno».

⁹ Entonces Jesús le preguntó: —¿Cómo te llamas?

Y él contestó: —Me llamo Legión, porque somos muchos los que estamos dentro de este hombre.

¹⁰ Entonces los espíritus malignos le suplicaron una y otra vez que no los enviara a un lugar lejano.

¹¹ Sucedió que había una gran manada de cerdos alimentándose en una ladera cercana. ¹² «Envíanos a esos cerdos —suplicaron los espíritus—. Déjanos entrar en ellos». ¹³ Entonces Jesús les dio permiso. Los espíritus malignos salieron del hombre y entraron en los cerdos, y toda la manada de unos dos mil cerdos se lanzó al lago por el precipicio y se ahogó en el agua.

La interacción sorprendente de Jesús con los demonios

¿Te sorprende que los demonios van corriendo *hacia* Jesús? ¿No se espera que querrían *huir* de Jesús? ¡Le conocen! ¡Estaban con Él en el cielo! ¡Le suplican! Saben que Jesús tiene autoridad sobre ellos. Estaban contentos de morar en el hombre; no quieren ir a un lugar lejano, ¡y Jesús honra su suplica! Claro que, como judío, Cristo no estaba muy a gusto con los cerdos, pero todavía es muy interesante que les concede su petición.

Jesús no sabía el nombre del demonio, ni cuántos eran. En parte, está aquí, el aprendizaje para interrogar a demonios y pedir sus nombres cuando estamos ministrando liberación, pero ten cuidado: Son engañadores y mentirosos. Utiliza mucho discernimiento hablando con alguien endemoniado.

Hay otra cosa muy interesante aquí: Cuando llegó Jesús, le mandó al espíritu salir del hombre, ¡y no salió! Jesús nunca los echó fuera, pero necesitan su permiso para entrar en los cerdos. Cuando los demonios lo recibieron, se fueron. Todo era una cuestión de autoridad.

¿Qué pasó con los demonios cuando los cerdos se ahogaron? No sabemos, y creo que ellos no sabían lo que iba a pasar tampoco. Tal vez la muerte de los cerdos dio libertad a los demonios para volver a las regiones celestiales, esperando su próxima asignación. Cuando se muere una persona endemoniada, ese demonio sale a buscar otro ente.

[14] Los hombres que cuidaban los cerdos huyeron a la ciudad cercana y sus alrededores, difundiendo la noticia mientras corrían. La gente salió corriendo para ver lo que había pasado. [15] Pronto una multitud se juntó alrededor de Jesús, y todos vieron al hombre que había estado poseído por la legión de demonios. Se encontraba sentado allí, completamente vestido y en su sano juicio, y todos tuvieron miedo. [16] Entonces los que habían visto lo sucedido, les contaron a los otros lo que había ocurrido con el hombre poseído por los demonios y con los cerdos; [17] y la multitud comenzó a rogarle a Jesús que se fuera y los dejara en paz.

Sabe cuándo salir

¿Dejarlos en paz? ¿Estaba el pueblo en paz con este loco endemoniado? ¿Estaba mejor antes de la venida de Cristo? ¿Les importaban más los cerdos que el bienestar de este hombre? ¿Por qué no estaban alabando a Jesús y buscando más de su poder? Pues, así responden muchos frente al poder de Dios. Su propio pecado puede ser revelado, o reconocen su autoridad sobrenatural, y tienen temor.

Siempre es difícil saber cuándo perseverar y seguir predicando a gente que ha rechazado a Jesús. Hay que ser guiado por el Espíritu y discernir lo que está pasando. Ésta claramente era una puerta cerrada. Dios tenía misericordia de este pobre hombre, y le mandó Jesús para librarle. Pero era el único ministerio que Cristo tenía en ese lugar. Nada sucedería si invirtiese más tiempo allí.

[18] Mientras Jesús entraba en la barca, el hombre que había estado poseído por los demonios le suplicaba que le permitiera acompañarlo. [19] Pero Jesús le dijo: «No. Ve a tu casa y a tu familia y diles todo lo que el Señor ha hecho por ti y lo misericordioso que ha sido contigo».[20] Así que el hombre salió a visitar las Diez Ciudades de esa región y comenzó a proclamar las grandes cosas que Jesús había hecho por él; y todos quedaban asombrados de lo que les decía.

Deja que Jesús te use

Jesús honró la petición del pueblo: Entró en su barca. Ahora el hombre le pidió permiso para acompañarle. ¡Qué bueno! Muchas veces Jesús mandó a la gente seguirle, pero esta vez no. Jesús no le permitió entrar en la barca; Dios tenía otra misión para él.

Este hombre loco era uno de los primeros evangelistas. Él vuelve a proclamar el milagro de Dios a su familia, y a todas las ciudades de esa región. ¡Y él no tenía la preparación que tenían los discípulos! Antes pasaba bastante tiempo en un estado completamente perdido, pero Dios le restauró y le capacitó a predicar. Así, la gente que no escucharía a Jesús, le escuchaba a él. Claro que hay veces que Jesús llama a alguien a otro país y otra cultura, pero muchas veces es más provechoso enviar a alguien que Dios ha redimido y capacitado del mismo lugar, que ya conoce la cultura e idioma del país.

¡Sube a la barca!

Hay que saber cuando subir, y cuando bajar de una barca. Si quieres ser usado por el Señor, muchas veces tienes que levantarte, subir a una barca, y salir al mar, aun si no sabes para adónde vas. Si llegas a un lugar extraño sin saber qué hacer, no temas. No te quedes en la barca. Dios no puede usarte en la barca. Baja de la barca y confía en el Señor que Él te revelará el propósito. Prepárate para cualquier encuentro u oportunidad para ministrar. Y cuando es tiempo para subir otra vez a la barca e irte, hazlo. Puede ser que alguien quiere acompañarte (pero Dios no lo quiere), o la gente te pide que te quedes, o cierren la puerta en tu cara. ¡Viajar con Jesús siempre es una aventura! Si estás aburrido, tal vez es tiempo de apagar la compu y la tele, levantarte del sofá, y subir a la barca.

2 ¿Por qué no puedo echar fuera demonios?

Marcos 9:2, 14-29

Seis días después, Jesús tomó a Pedro, a Jacobo y a Juan, y los llevó aparte solos a un monte alto; y se transfiguró delante de ellos. (Marcos 9:2, RVR)

Sería un día muy especial para Jesús, y uno de los momentos más gloriosos de su vida terrenal. Siempre es bueno subir un monte con buenos amigos. Éste era un monte *alto*, y Jesús estaba acompañado por los tres hombres más cercanos a Él. Allí en el monte vieron su gloria, mientras Él conversaba con Moisés y Elías.

Pero no era un día tan lindo para los demás discípulos; los que Jesús dejó abajo. Con el gadareno (Marcos 5), no se oye nada de los discípulos; probablemente se quedaron en la barca. Ojalá que los discípulos hubiesen aprendido algo de esa experiencia, porque esta vez Jesús está fuera de vista, en el monte, y toca a ellos ministrar a un joven endemoniado. Pero cuando Jesús bajó del monte, los halló en un conflicto feo:

¹⁴ Cuando llegó a donde estaban los discípulos, vio una gran multitud alrededor de ellos, y escribas que disputaban con ellos. ¹⁵ Y en seguida toda la gente, viéndole, se asombró, y corriendo a él, le saludaron. (RVR)

Jesús rescata a sus discípulos

Es duro bajar de la cumbre de la montaña y encontrar a aquellos encargados de la obra fracasando. Moisés tuvo una experiencia similar cuando descendió del Monte Sinaí. Así como el rostro de Moisés reflejaba la presencia gloriosa de Dios, sospecho que rastros de gloria quedaron en el rostro de Jesús; así que la gente se asombró al verle. Estoy seguro que los otros discípulos se alegraron al ver a Jesús. No sabemos por qué los maestros de la ley discutían con ellos, pero la cuestión era un muchacho endemoniado que los discípulos no podían ayudar. Tal vez los maestros se aprovecharon de la ocasión para atacar la credibilidad de Jesús en general, y los discípulos se apresuraron a su defensa.

[16] —¿Sobre qué discuten? —preguntó Jesús.

[17] *Un hombre de la multitud tomó la palabra y dijo: —Maestro, traje a mi hijo para que lo sanaras. Está poseído por un espíritu maligno que no le permite hablar.* [18] *Y, siempre que este espíritu se apodera de él, lo tira violentamente al suelo y él echa espuma por la boca, rechina los dientes y se pone rígido. Así que les pedí a tus discípulos que echaran fuera al espíritu maligno, pero no pudieron hacerlo.* (NTV)

¿Has visto eso? ¿O lo has experimentado? El pastor principal encarga la iglesia a un pastor joven. La gente viene en busca de ayuda. Quieren ver al pastor principal, o al evangelista famoso, pero ellos no están; tienen que conformarse con el joven. Pero parece que esa persona no tiene la misma unción, y no puede ayudarlos. Es una experiencia humillante para el que falla; quizás aún peor para estos discípulos, ya que Pedro, Jacobo, y Juan estaban observándolos. Este padre llegó con una simple solicitud para echar fuera al espíritu maligno, y los discípulos no podían.

No es que no tenían experiencia en liberación, o carecían de autoridad. Jesús ya les había dado autoridad para echar fuera demonios, y tuvieron bastante éxito en su primer viaje misionero:

Después llamó a los doce, y comenzó a enviarlos de dos en dos; y les dio autoridad sobre los espíritus inmundos. Y saliendo, predicaban que los hombres se arrepintiesen. Y echaban fuera muchos demonios, y ungían con aceite a muchos enfermos, y los sanaban. (Marcos 6:7, 12-13, RVR)

Pero esta vez no podían ayudar a este padre.

Los síntomas de demonización

- Una persona atormentada por un demonio puede estar bien – pero de repente el espíritu puede manifestarse.
- También puede ser una aflicción continua (como este niño que no podía hablar), que a menudo se explica en términos médicos o psicológicos.
- Cuando un demonio se manifiesta, la persona puede:
  - Estar tirado al suelo. Algunas traducciones mencionan convulsiones.
  - Echar espuma por la boca.
  - Rechinar los dientes.
  - Ponerse rígida.

¿Un espíritu o una enfermedad?

Fácilmente se puede confundir estos síntomas con un ataque epiléptico, lo que nos lleva a un dilema fundamental en liberación: ¿Cuándo es un demonio, y cuándo es una enfermedad? ¿Se administra medicina, o se echa fuera al demonio? La ciencia moderna se burla de los cristianos que atribuyen estos síntomas a demonios. Sin duda hay explicaciones médicas para muchos de ellos; es imprudente atribuir todos los casos a un demonio y descartar el conocimiento médico. Sin embargo, parece que el péndulo ha oscilado demasiado al otro lado, donde incluso los cristianos raramente buscan la razón espiritual detrás del problema. ¿Qué pasa con el alarmante aumento en el autismo, enfermedades autoinmunes, y otras aflicciones que desconciertan al establecimiento médico? ¿Es posible que millones de personas estén sufriendo innecesariamente porque los cristianos carecen de la autoridad y la libertad para enfrentarse a los demonios detrás de sus aflicciones? Obviamente queremos evitar extremos, pero Jesús no tenía ningún problema atribuyendo estos síntomas a demonios, y su enfoque proporciona un alivio inmediato.

[19] *—¡Ah, generación incrédula! —respondió Jesús—. ¿Hasta cuándo tendré que estar con ustedes? ¿Hasta cuándo tendré que soportarlos? Tráiganme al muchacho.* (NVI)

Generación incrédula y perversa

Después de la gloria del monte de transfiguración, Jesús está aún más consternado con la falta de fe de los discípulos. El pasaje paralelo de Mateo (17:17) añade *"perversa"* a su descripción de ellos. Jesús no es simpático a la situación difícil de sus discípulos. Él tenía la expectativa que ellos ayudarían al niño. Ésta es una de las pocas veces cuando Jesús expresaba impaciencia y dificultad a estar aquí en la tierra. Probablemente habría preferido quedarse en la montaña, o irse directamente a casa, en el cielo.

¿Cómo describiría Jesús a nuestra generación? Parece que hay aún más incredulidad entre nosotros.

²⁰ Así que se lo llevaron. Cuando el espíritu maligno vio a Jesús, le dio una violenta convulsión al muchacho, quien cayó al piso retorciéndose y echando espuma por la boca. (NTV)

Recopila información acerca del caso

En la presencia de Jesús, el espíritu se manifestó inmediatamente. ¿Es posible que no veamos más manifestaciones porque los espíritus no reconocen la presencia de Dios en nosotros? Al principio, en vez de mejorarse, el niño se empeoró. Algunos padres tomarían al niño y correrían al hospital más cercano; algunos pastores caerían en un pánico e inmediatamente tratarían de controlar la situación. Pero Jesús calmadamente pide más aclaraciones, aunque el muchacho estaba rodando por el suelo con convulsiones.

²¹ Jesús preguntó al padre: ¿Cuánto tiempo hace que le sucede esto? Y él dijo: Desde niño. ²² Y muchas veces le echa en el fuego y en el agua, para matarle; pero si puedes hacer algo, ten misericordia de nosotros, y ayúdanos.

¿Por qué quería Jesús saber esto? Tal vez sabía que el demonio estaba muy pegado al niño y lo había atormentado por mucho tiempo. Esto parece un caso especialmente fuerte. O tal vez Él quería conectar con el padre de alguna manera, para darle la oportunidad de expresar su dolor por la condición de su hijo.

Los demonios a menudo entran a causa de algún pecado o experiencia que abre la puerta y deja a la persona vulnerable. Pero si hubiera sido demonizado desde su infancia, es muy posible que el demonio fue transmitido de sus padres.

¿Has notado a personas propensas a accidentes? Parece que tienen un deseo de morir, y constantemente terminan en situaciones dramáticas. Presta atención a eso: los demonios están dedicados a destruir, y con frecuencia tienen éxito en matar a la persona que atormentan. No lo tomes a la ligera, y no menosprecies a la persona por llamar la atención o ser demasiado dramática.

El padre tenía la fe para llevar el niño a Jesús, pero también tenía dudas: Posiblemente porque los otros discípulos fracasaron, ya no está seguro que Jesús puede ayudarle tampoco. Tal vez tú fuiste decepcionado por un pastor que creías que te ayudaría, y ahora tu fe en Dios (o, especialmente, en sus siervos), está débil. ¡No dejes que la falta de fe de los demás debilite la tuya!

[23] —¿*Cómo que si puedo? Para el que cree, todo es posible.* (NVI)

𝒥odo es posible

Jesús parece molestado por esta expresión de duda. La fe que Él premia y busca en nosotros es una gran fe que sabe que todo es posible si sólo creemos. ¿Vienes a Jesús con esa débil actitud "si puedes"? ¿O con una fe audaz? Ésta es una de varias declaraciones que Jesús hizo que promete recursos prácticamente ilimitados para el que cree de verdad.

24 Al instante el padre clamó: —¡Sí, creo, pero ayúdame a superar mi incredulidad! (NTV)

Por lo menos el padre fue honesto. Probablemente detectó la irritación de Jesús con su duda, y tenía miedo de perder cualquier posibilidad de ayudar a su hijo. Si tú luchas con dudas e incredulidad, no estás solo. Acércate a Dios y pide su ayuda para superar tu incredulidad. Aprende a reconocer tus dudas y desafiarlas. Sé honesto - Dios ya las sabe. Dios puede trabajar a pesar de nuestras dudas: La duda del padre no impidió a Jesús a hacer el milagro.

25 Al ver Jesús que se agolpaba mucha gente, reprendió al espíritu maligno. —Espíritu sordo y mudo —dijo—, te mando que salgas y que jamás vuelvas a entrar en él. (NVI)

Desafiar al espíritu inmundo

Tal vez Jesús quería platicar más con el padre, pero la situación se estaba convirtiendo en un espectáculo y Él quería poner fin a ello. ¡No dejes que liberaciones se hagan un show! ¡Sé sensible a la pobre persona rodando por el suelo! ¡No lo pongas en la tele o el internet!

- No fue mencionado antes, pero el mismo espíritu que le robó de su hablar también le robó de su oír. Algunas culturas creen que todas las personas sordas están poseídas por un demonio y las rechazan. ¡No los rechaces! ¡Libértalos!
- Jesús reprendió al espíritu y luego lo mandó a salir. No había un largo debate. Jesús tenía autoridad

para ordenarlo salir, y te ha dado esa misma autoridad.

- Hay una segunda parte del comando que a menudo se pasa por alto: Si Jesús no le mandó a nunca volver, es muy posible que el demonio volviera. Un espíritu que ha morado en alguien tanto tiempo está inclinado a volver. Lo he visto suceder. El seguimiento es esencial después de una liberación. Si no tenemos cuidado, la persona puede terminar peor que antes: *»Cuando un espíritu maligno sale de una persona, va por lugares áridos buscando un descanso. Y al no encontrarlo, dice: "Volveré a mi casa, de donde salí." Cuando llega, la encuentra barrida y arreglada. Luego va y trae otros siete espíritus más malvados que él, y entran a vivir allí. Así que el estado final de aquella persona resulta peor que el inicial.»* (Jesús), (Lucas 11:24-26, NVI) Entonces la persona puede cuestionar si la liberación era real, y puede rechazar completamente un enfoque espiritual.

[26] Entonces el espíritu gritó, dio otra convulsión violenta al muchacho y salió de él. El muchacho quedó como muerto. Un murmullo recorrió la multitud: «Está muerto», decía la gente. [27] Pero Jesús lo tomó de la mano, lo levantó, y el muchacho se puso de pie. (NTV)

Los resultados de una liberación

Cuenta con manifestaciones físicas y dramáticas. ¡No lo dejes en el suelo! ¡Extiende la mano, toma la suya, y levántalo! Sigue ministrando a él hasta que se ha recuperado. ¡Una liberación puede ser traumática!

No dice lo que pasó después, pero podemos adivinarlo:

- El padre incrédulo tuvo su fe fortalecida.
- Los maestros de la ley argumentativos fueron silenciados.
- La multitud que ya se asombró de Jesús probablemente se maravillaba de Él aún más.

Aparentemente, Jesús no se aprovechó de la situación para preguntar si alguien más necesitaba liberación o quería seguirle. Parece que Jesús escapó con sus discípulos, tal vez cansado del encuentro, o pensando en su gloriosa transfiguración.

28 Cuando él entró en casa, sus discípulos le preguntaron aparte: ¿Por qué nosotros no pudimos echarle fuera? 29 Y les dijo: Este género con nada puede salir, sino con oración y ayuno. (RVR)

¿Por qué no podemos echar fuera demonios?

Los tres discípulos que estaban con Jesús en el monte fueron instruidos a no hablar a nadie al respecto, pero los otros discípulos ni siquiera les preguntaron qué sucedió allí; estaban demasiado envueltos con su orgullo herido. ¿Qué salió mal? ¿Cómo pudo Jesús hacerlo con tan poco esfuerzo? Aparte de las multitudes, dentro de una casa, tienen la oportunidad de hablar con el Maestro.

Jesús deja entrever que existen varios niveles de dificultad en liberación. Éste fue un caso difícil. El discernimiento es necesario para cada situación. ¿Debes pasar tiempo en oración y ayuno antes de intentar una liberación? ¿Qué deben decir los discípulos al padre que les trajo a su hijo?: ¿Vuelva usted mañana? ¿Primero tenemos que orar y ayunar? Lo ideal sería que permanezcamos en ayuno y oración para estar listos a enfrentar todo lo que venga. Si no estás preparado, puede ser mejor esperar, para evitar la humillación de los discípulos. Siempre está bien pedir ayuda de otros. Es mejor tener a varios ministrando liberación, sobre todo cuando están unidos en el Espíritu. Jesús no aceptó el fracaso sólo porque se trató de un caso grave. Debemos esperar la liberación de todas las personas demonizadas.

El pasaje paralelo de Mateo (17:20) incluye otra parte de la explicación de Jesús que Marcos omite:

—Porque ustedes tienen tan poca fe —les respondió—. Les aseguro que si tienen fe tan pequeña como un grano de mostaza, podrán decirle a esta montaña: "Trasládate de aquí para allá", y se trasladará. Para ustedes nada será imposible.

Esto refleja la consternación inicial de Jesús en la "generación incrédula y perversa." Jesús se aprovecha de la situación para dar una enseñanza general sobre las posibilidades ilimitadas para el que tiene fe, y atribuye nuestros fracasos en liberación a nuestra falta de fe, juntamente con la falta de ayuno y oración.

¿Estás listo para ser usado por Dios?

- ¿Cómo está tu fe? No esperes hasta que Dios te pone a prueba y estés avergonzado porque no puedes echar fuera un demonio. ¿Tienes la fe que Dios te ha dado autoridad sobre espíritus malignos? ¿Tienes la fe para ordenarlos a salir?
- ¿Cómo ha estado tu experiencia en liberación? ¿La evitas a causa de enseñanza distorsionada o fallas

del pasado? ¿Crees que Dios quiere que la tomes más en serio?

- ¿Es suficientemente importante para ti la liberación de alguien que tomarías el tiempo necesario en ayuno y oración?
- ¿Hay personas - quizá incluso en tu propia familia - que están sufriendo porque están afligidos por espíritus malignos? ¿Has probado todo tipo de médicos y terapia - sin éxito? ¿Estás dispuesto a considerar la posibilidad de demonización? Si se trata de alguien cercano a ti - o ti mismo - ¿puedes ver una puerta abierta a un demonio?
- Dios puede probarte con un caso esta semana. ¿Estás preparado para ello?

Una cosa más. Hay mucha contienda acerca de la cuestión: ¿Puede un cristiano ser poseído por un demonio? El lenguaje griego del Nuevo Testamento no usa la palabra "poseído." Habla de una persona demonizada, afligida por un demonio. No caigas en esa discusión.

3   La autoridad de una palabra

Solo dos historias de liberaciones aparecen en los tres evangelios sinópticos: la liberación de Legión (el gadareno; Mateo 8:28-32, Marcos 5:1-20 y Lucas 8:26-39), y el niño que los discípulos no pudieron ayudar (Mateo 17:14-21, Marcos 9:14-29 y Lucas 9:37-43). No hay ninguna liberación registrada en el evangelio de Juan. En este capítulo vamos a estudiar varios pasajes cortos en los evangelios y la única liberación registrada en Hechos.

El poder de una palabra

Al atardecer, le llevaron muchos endemoniados, y con una sola palabra expulsó a los espíritus, y sanó a todos los enfermos. (Mateo 8:16)

Marcos (1:32-34) añade más detalle:

Al atardecer, cuando ya se ponía el sol, la gente le llevó a Jesús todos los enfermos y endemoniados, de manera que la población entera se estaba congregando a la puerta. Jesús sanó a muchos que padecían de diversas enfermedades. También expulsó a muchos demonios, pero no los dejaba hablar porque sabían quién era él.

¡Claro que *todo* el pueblo vino, y trajo a *todos* los enfermos y endemoniados! ¿Quién perdería esa oportunidad? Marcos dice que sanó a *muchos*; Mateo dice que sanó a *todos*.

Podemos asumir que nadie que vino demonizado o enfermo salió sin un milagro.

Fueron *llevados* por amigos o familiares. Tal vez ellos no podían (o no querían) buscar ayuda por su cuenta. Al igual a los amigos que llevaron al paralítico y le bajaron por el techo, la fe de otros era al menos tan importante como la fe de la persona enferma. ¿Conoces a alguien que tú debes traer a Jesús para sanidad o liberación? ¡No lo dejes en casa enfermo o endemoniado! ¡Jesús está esperando para curarlo!

Los demonios conocen a Jesús, y no tienen miedo de hablar de Él, pero Jesús no necesita ese tipo de testimonio. Él tiene la autoridad para expulsarlos, y Él tiene autoridad para callarlos. No hubo una lucha prolongada, ni unción con aceite, ni conversaciones con los demonios. Él simplemente los expulsó, con una sola palabra.

¿No te parece impresionante? Alguien que ha sido devastado por opresión demoníaca o enfermedad para muchos años puede tener su vida transformada por *una palabra*. Todo depende de quién habla esa palabra y la autoridad que tiene. Si tú estás sometido a Dios y crees que te ha dado la autoridad, habla su palabra. Debe ser suficiente para liberar o curar.

Espera oposición

Mientras ellos salían, le llevaron un mudo endemoniado. Así que Jesús expulsó al demonio, y el que había estado mudo habló. La multitud se maravillaba y decía: «Jamás se ha visto nada igual en Israel.»

Pero los fariseos afirmaban: «Éste expulsa a los demonios por medio del príncipe de los demonios.» (Mateo 9:32-34)

Aquí, otro demonio roba a alguien de su habla. La gente tenía conocimiento de demonios, pero no tenía esperanza de ayuda hasta que vino Jesús. La mayoría se maravillaba del poder de Dios, pero en aquel entonces, como ahora, a menudo es la gente religiosa que se opone a la liberación, probablemente porque revela su propia falta de poder espiritual. Sin embargo, como dijo Jesús en otra ocasión, el sentido común dice que Satanás no va a expulsar a sus propios demonios. Él puede hacer milagros falsos, pero genuina liberación sólo viene de Dios. Los médicos brujos y otros que supuestamente ofrecen alivio de demonización sin Jesús no proporcionan verdadera liberación.

Autoridad y poder

Jesús pasó a Capernaúm, un pueblo de Galilea, y el día sábado enseñaba a la gente. Estaban asombrados de su enseñanza, porque les hablaba con autoridad.

Había en la sinagoga un hombre que estaba poseído por un espíritu maligno, quien gritó con todas sus fuerzas:

—¡Ah! ¿Por qué te entrometes, Jesús de Nazaret? ¿Has venido a destruirnos? Yo sé quién eres tú: ¡el Santo de Dios!

—¡Cállate! —lo reprendió Jesús—. ¡Sal de ese hombre!

Entonces el demonio derribó al hombre en medio de la gente y salió de él sin hacerle ningún daño.

Todos se asustaron y se decían unos a otros: «¿Qué clase de palabra es ésta? ¡Con autoridad y poder les da órdenes a los espíritus malignos, y salen!» Y se extendió su fama por todo aquel lugar. (Lucas 4:31-37)

Una vez más la autoridad de Jesús es impresionante. Al principio la gente estaba asombrada de la autoridad de su enseñanza. El demonio también reconoció esa autoridad, y al final del culto todos se maravillaban de la autoridad de Jesús sobre el espíritu inmundo. No era un culto de liberación. Jesús no estaba buscando oportunidades para liberar a la gente de sus demonios, pero cuando se presenta la situación, Jesús, con calma - pero con fuerzas - se ocupó de él inmediatamente. El demonio conoció a Jesús antes de que Satanás fuera arrojado del cielo, junto con una tercera parte de los ángeles. Él sabe que Jesús vino a destruir la obra del diablo. Habla de sí mismo en plural, indicando que probablemente había más de un demonio; eso casi siempre es el caso.

Los demonios tratarán de interrumpir el culto en la iglesia y tienden a ser ruidosos: éste gritó con todas sus fuerzas. Si no se puede ministrar a la persona con rapidez, debe ser retirada y ministrada fuera de vista. Una vez más, Jesús no entra en una conversación con el demonio, y no permite que "dé testimonio" acerca de quién es Jesús. Está echado fuera con unas palabras sencillas de autoridad, pero todavía resiste, derribando el hombre al suelo.

Es curioso que el hombre estaba en la sinagoga. Al parecer, el demonio estaba cómodo allí. La gente no estaba acostumbrada a una prédica - o ministerio - con autoridad. Los demonios pueden estar presentes en nuestras iglesias, y hacen todo lo posible para eliminar a un creyente ungido con la autoridad de Dios que puede perturbarlos.

"_¡Cállate! ¡Sal de ese hombre!_" ¿Puedes decir esas palabras con el mismo efecto? ¡Por supuesto! No tiene nada que ver con una fórmula, o utilizando exactamente las palabras adecuadas. Tiene todo que ver con tu relación con Dios, tu sumisión a Él, y tu fe, hablando en su autoridad.

Liberación a distancia

Partiendo de allí, Jesús se retiró a la región de Tiro y Sidón. Una mujer cananea de las inmediaciones salió a su encuentro, gritando:

—¡Señor, Hijo de David, ten compasión de mí! Mi hija sufre terriblemente por estar endemoniada.

Jesús no le respondió palabra. Así que sus discípulos se acercaron a él y le rogaron:

—Despídela, porque viene detrás de nosotros gritando.

—No fui enviado sino a las ovejas perdidas del pueblo de Israel —contestó Jesús.

La mujer se acercó y, arrodillándose delante de él, le suplicó:

—¡Señor, ayúdame!

Él le respondió:

—No está bien quitarles el pan a los hijos y echárselo a los perros.

—Sí, Señor; pero hasta los perros comen las migajas que caen de la mesa de sus amos.

—¡Mujer, qué grande es tu fe! —contestó Jesús—. Que se cumpla lo que quieres.

Y desde ese mismo momento quedó sana su hija. (Mateo 15:21-28, y también en Marcos 7: 24-30)

Esta es una situación extraordinaria:

- Jesús y sus discípulos están en territorio gentil. Ellos se retiraron allí para escapar de las multitudes y descansar un poco. Marcos dice *Entró en una casa y no quería que nadie lo supiera, pero no pudo pasar inadvertido.*

- Una mujer gentil, cananea (Marcos: *griega, y sirofenicia de nación*) de alguna manera ha oído de Jesús, y está decidida a conseguir su ayuda. Ella sigue molestándolo hasta que los discípulos piden a Jesús que la despida. Aparentemente ellos no creen que tienen la autoridad para hablar a ella, tal vez porque estaban en un país extranjero.

- Jesús parece grosero. Primero Él no le hace caso. Es la única vez que Jesús se niega a responder a alguien que viene sinceramente buscando ayuda. Luego, esencialmente la llama una perra. Él refleja el peor prejuicio de esa época hacia los gentiles. Los discípulos no son mejores: En lugar de interceder por ella, quieren despedirla. ¿Por qué responde Jesús así? Era muy consciente de la misión que su padre le había dado, y quiere permanecer fiel a ella (en Marcos Él dice: *"Deja primero que se sacien los hijos"*). Él sabe que el tiempo vendrá cuando los gentiles serán incluidos - pero todavía no.

- Ésta fue una liberación a distancia - la niña ni siquiera estuvo presente.

Lo qué movió a Jesús a actuar fue la gran fe de la mujer. ¿Por qué dijo que era grande? ¿Era alguna fuerza que ella tenía adentro? De ningún modo. Tenía plena confianza que Jesús podía ayudarla, y no se rendiría hasta que lo hizo. A pesar de que los discípulos querían que ella se callara, ella persistió en gritar, y finalmente se arrodilló a los pies de Jesús. ¡Y ella contradice a Jesús! Él dijo que no está bien - ¡y ella dijo que sí, está bien! ¡Solo quería las migajas! ¡Fe como una semilla de mostaza! Esa respuesta perceptiva, atrevida, y llena de fe, tocó el corazón de Jesús (Marcos: *"Por esta palabra, ve; el demonio ha salido de tu hija."*). Su fe se evidencia aún más por creer lo que Jesús dijo, y volvió a casa, en lugar de pedirle que Él viniese a la casa, o pedirle alguna confirmación adicional. *Y cuando llegó ella a su casa, halló que el demonio había salido, y a la hija acostada en la cama.* (Marcos 7:30)

Si estamos luchando o ministrando en el mundo espiritual, no es necesario estar presente físicamente. Todo se hace en el espíritu. No hay razón para dudar que Jesús puede liberar a tu hijo o hija, u otro ser querido, sin importar dónde estén. ¿Tienes la fe y persistencia para seguir clamando a Jesús? ¿Realmente crees que Jesús hará lo que Él dijo que haría?

Atada dieciocho años

Un sábado Jesús estaba enseñando en una de las sinagogas, y estaba allí una mujer que por causa de un demonio llevaba dieciocho años enferma. Andaba encorvada y de ningún modo podía enderezarse. Cuando Jesús la vio, la llamó y le dijo:

—Mujer, quedas libre de tu enfermedad.

Al mismo tiempo, puso las manos sobre ella, y al instante la mujer se enderezó y empezó a alabar a Dios. Indignado porque Jesús había sanado en sábado, el jefe de la sinagoga intervino, dirigiéndose a la gente:

—Hay seis días en que se puede trabajar, así que vengan esos días para ser sanados, y no el sábado.

—¡Hipócritas! —le contestó el Señor—. ¿Acaso no desata cada uno de ustedes su buey o su burro en sábado, y lo saca del establo para llevarlo a tomar agua? Sin embargo, a esta mujer, que es hija de Abraham, y a quien Satanás tenía atada durante dieciocho largos años, ¿no se le debía quitar esta cadena en sábado? (Lucas 13:10-16)

Mientras Jesús ignoró a la mujer cananea que buscaba ayuda, aquí llama a una mujer que ni siquiera pidió ayuda, ni muestra fe por su liberación. De hecho, había sido atada por Satanás por dieciocho años, y ya había perdido toda esperanza. Probablemente asistía siempre a la sinagoga, pero eso no molestó al demonio.

- Este es el único ejemplo en los evangelios donde Jesús puso sus manos sobre alguien para liberarlo.

- Nunca manda al demonio salir (y parece que estaría bien pegado a ella después de 18 años), sino simplemente le dice a la mujer que queda libre.

- El espíritu le había paralizado; andaba encorvada. ¿Aun consideramos la posibilidad que una persona con discapacidad física fuese demonizada?

- Inicialmente dice un espíritu; luego Jesús dice que es Satanás quien la ataba. Trabajan juntos, y los demonios reciben su autoridad de Satanás.

- Una vez más la oposición proviene de un líder religioso, quien Jesús llama un hipócrita.

¡Ella se enderezó y empezó a alabar a Dios! ¡Me gusta eso! ¿Estás dispuesto de señalar a alguien para que sea liberado de sus ataduras? ¿Tienes el discernimiento para reconocer un espíritu inmundo? ¿Es tiempo para ti dejar tus ataduras, enderezar, y empezar a alabar a Dios? ¡Nunca es demasiado tarde! Dieciocho años es mucho tiempo - pero en un momento todo cambió, y ella se quedó sana.

La experiencia de los discípulos con liberación

Los evangelios no hablan mucho de los discípulos, pero las historias indican que ellos tenían el mismo poder de Jesús (a excepción de su fracaso con ese pobre muchacho).

Reunió a los doce, y comenzó a enviarlos de dos en dos, dándoles autoridad sobre los espíritus malignos. También expulsaban a muchos demonios y sanaban a muchos enfermos, ungiéndolos con aceite. (Marcos 6:7, 13)

Habiendo reunido a los doce, Jesús les dio poder y autoridad para expulsar a todos los demonios y para sanar enfermedades. (Lucas 9:1)

Les fue dado todo lo que necesitaban para el ministerio: el poder y la autoridad de Jesús. Jesús lo recibió de su padre, y lo ejercía a través del poder del Espíritu Santo. Él nos da ese poder y autoridad a nosotros también. Tú no puedes ganarlo; es dado a todos que andan en el poder del Espíritu Santo, a todos los verdaderos seguidores de Jesús. ¡Lástima que tan pocos se dan cuenta de lo que tienen!

Jesús no encargó específicamente a los setenta y dos para echar fuera demonios, pero sin embargo lo hicieron:

Cuando los setenta y dos regresaron, dijeron contentos:

—Señor, hasta los demonios se nos someten en tu nombre.

—Yo veía a Satanás caer del cielo como un rayo —respondió él—. Sí, les he dado autoridad a ustedes para pisotear serpientes y escorpiones y vencer todo el poder del enemigo; nada les podrá hacer daño. Sin embargo, no se alegren de que puedan someter a los espíritus, sino alégrense de que sus nombres están escritos en el cielo. (Lucas 10:17-20)

Los discípulos estaban aprendiendo el poder del nombre de Jesús. Los demonios tienen que someterse a ese nombre. Eso puede ser emocionante para nosotros, y Jesús tiene una palabra de precaución: Satanás se embriagó por el poder que Dios le había dado, y lo condujo a su caída. Hay que tener cuidado con el ministerio de liberación, y mantener nuestro enfoque en Jesús y su don de salvación.

Mientras tanto, agarra a esta promesa: El enemigo no te puede hacer daño. Jesús nos ha dado autoridad para superar todo el poder del enemigo, y para pisotear los malos espíritus. ¿Hay algo que tienes que pisotear? ¿Has sido intimidado por Satanás? ¿Incluso herido por él? ¿Estás listo para levantarte en la autoridad que Jesús te ha dado?

También de los pueblos vecinos a Jerusalén acudían multitudes que llevaban personas enfermas y atormentadas por espíritus malignos, y todas eran sanadas. (Hechos 5:16)

Exactamente como Jesús, los discípulos sanaron a todos aquellos atormentados por espíritus inmundos. Aquí también los enfermos y atormentados fueron llevados por amigos y familiares. Cuando ministramos sanidad y liberación, multitudes vendrán.

Una liberación que los lleva a la cárcel

Una vez, cuando íbamos al lugar de oración, nos salió al encuentro una joven esclava que tenía un espíritu de adivinación. Con sus poderes ganaba mucho dinero para sus amos. Nos seguía a Pablo y a nosotros, gritando:

—Estos hombres son siervos del Dios Altísimo, y les anuncian a ustedes el camino de salvación.

Así continuó durante muchos días. Por fin Pablo se molestó tanto que se volvió y reprendió al espíritu:

—¡En el nombre de Jesucristo, te ordeno que salgas de ella!

Y en aquel mismo momento el espíritu la dejó. (Hechos 16:16-18)

Ten cuidado con los adivinos; incluso los que dicen que tienen un "don profético" para predecir el futuro. ¡Puede ser un espíritu maligno detrás de ellos! Así como varias personas demonizadas se acercaron a Jesús, ella seguía a Pablo, y está interrumpiendo su ministerio. No sé por qué Pablo esperaba tanto tiempo para reprender al espíritu; tal vez él sabía que podía causar más problemas. Lee todo el pasaje, y verás que los llevó directamente a la cárcel. Es interesante ver a Pablo ministrando con molestia (en lugar de amor), pero a medida que habla "en el nombre de Jesucristo" es como si Jesús estuviese allí. Pablo tiene la misma autoridad. Y con una simple palabra, el espíritu la deja.

Creo que hay mucha gente a nuestro alrededor como la mujer encorvada y la hija de la cananea. Muchos están en la iglesia. No tienen ninguna idea que su aflicción es causada por un demonio. Como en los días de Jesús, muchas personas religiosas, sin saberlo, han sido utilizadas por el mismo Satanás para ridiculizar y disminuir el ministerio de liberación. Como se puede esperar, hay abusos, pero ten cuidado de no hacer caso de una parte importante de lo que Jesús vino a hacer. Mantén tus ojos abiertos esta semana. ¿Cómo está tu fe? ¿De verdad crees que Jesús tiene esta autoridad? ¿Crees la palabra de Jesús? Él necesita a alguien para hablar la palabra y expulsar al espíritu inmundo. ¿Estás disponible?

4 El hombre fuerte

Mateo 12:22-37

Ésta es la enseñanza más larga de Jesús sobre liberación: su respuesta a la acusación de los fariseos que Él sanó por el poder del diablo. Lo hemos visto una y otra vez: el enfoque de Jesús era el Reino de Dios. Solamente se metió con Satanás cuando fue necesario. Nosotros también debemos enfocarnos en el Señor y no prestar más atención al diablo que la necesaria. Tendemos a pensar de la guerra espiritual como una batalla de iguales, pero Satanás no es omnipotente, omnisciente, ni omnipresente: es un ángel caído, creado por Dios, y bajo el control de Dios.

¿Liberación o curación?

²² Un día le llevaron un endemoniado que estaba ciego y mudo, y Jesús lo sanó, de modo que pudo ver y hablar.²³ Toda la gente se quedó asombrada y decía: «¿No será éste el Hijo de David?»

¿Son liberación y curación la misma cosa? Ciertamente están relacionadas. Un demonio puede ser la fuente de una enfermedad, pero no siempre. Hemos visto a hombres mudos y sordos; este hombre era ciego y mudo. Aunque la Biblia afirma que estaba endemoniado, no dice que Jesús echó fuera al demonio, sino que Él sanó al hombre. Jesús vino a restaurar nuestra salud y librarnos de aflicción, y eso debe ser nuestro ministerio también.

Una vez más, la gente común se maravilla ante el poder de Jesús, mientras que los líderes religiosos lo critican. ¿Por qué es tan difícil para ellos regocijarse en una sanación obvia?

²⁴ Pero al oírlo los fariseos, dijeron: «Éste no expulsa a los demonios sino por medio de Beelzebú, príncipe de los demonios.»

Cuando no estés de acuerdo con lo que alguien hace, es fácil decir que es del diablo. Lo triste es que no podían ver que el mismo Beelzebú estaba cegándolos y usándolos para socavar el ministerio de Jesús.

Una casa dividida

²⁵ Jesús conocía sus pensamientos, y les dijo: «Todo reino dividido contra sí mismo quedará asolado, y toda ciudad o familia dividida contra sí misma no se mantendrá en pie. ²⁶ Si Satanás expulsa a Satanás, está dividido contra sí mismo. ¿Cómo puede, entonces, mantenerse en pie su reino? ²⁷ Ahora bien, si yo expulso a los demonios por medio de Beelzebú, ¿los seguidores de ustedes por medio de quién los expulsan? Por eso ellos mismos los juzgarán a ustedes. ²⁸ En cambio, si expulso a los demonios por medio del Espíritu de Dios, eso significa que el reino de Dios ha llegado a ustedes.

Aunque estaban hablando entre sí, Jesús conocía sus pensamientos. Eso debe llamarles la atención y condenarlos, pero están endurecidos y no se arrepienten para nada.

- Como el Hijo de Dios, Jesús obviamente tiene autoridad sobre demonios, pero en su vida terrenal, fue por el poder del Espíritu Santo que los expulsó.

Su vida era una demostración de la misma autoridad que nosotros tenemos, por medio del Espíritu, para liberar a los oprimidos.

- Los judíos también practicaban liberación, aunque la gente no estaba acostumbrada a verla.

- El reino de Dios es la manifestación del dominio de Dios, y el desplazamiento del reino de las tinieblas. La liberación es evidencia dramática que el reino de luz está presente. Si no hay liberaciones podemos cuestionar si realmente el reino ha llegado a ese lugar.

- Jesús señala un principio fundamental: división interna conduce a una caída. Por eso la unidad recibe tanto énfasis en la Biblia. ¿Cuántas iglesias han caído a causa de divisiones internas? ¿Cuántas familias han sido devastadas?

Roba la casa del hombre fuerte

[29] »¿O cómo puede entrar alguien en la casa de un hombre fuerte y arrebatarle sus bienes, a menos que primero lo ate? Sólo entonces podrá robar su casa.

El hombre fuerte es Satanás. ¡No lo tomes a la ligera! ¡Él es un enemigo formidable! Dios quiere que no sólo entremos en su casa, sino que también arrebatemos sus bienes. Ellos pueden ser los endemoniados, los cegados a la verdad, o aquellas áreas de la sociedad donde Satanás domina. Muchos creyentes bien intencionados han planeado nuevas iglesias, campañas evangelísticas, y otras buenas obras, sin antes atar al hombre fuerte. Terminan desanimados, e incluso cuestionan su llamada o el poder de Dios.

Jesús no hablaría de atar al hombre fuerte si no fuese posible hacerlo. ¡Pero no en tu propia fuerza! ¡Vas a salir lastimado! En el Nombre de Jesús, Satanás tiene que someterse. Entonces, ¿cómo robamos su casa?

- Primero, identifica sus casas. Con oración, discierne aquellas personas o áreas donde el diablo ha construido fortalezas.

- En ayuno y oración, batalla para atarlo. Verdadera unidad en el Espíritu es necesaria para ser eficaz en esa oración. Si hay alguna división en el ejército del Señor, fracasará. Si es una casa grande y Satanás ha invertido mucho para protegerla, será una batalla fuerte. Muchas personas se dan por vencidas porque es demasiado dura.

- Discernimiento espiritual es necesario para saber cuándo está atado, y es seguro entrar en la casa. He visto cuando atan a Satanás pero no se dan cuenta de que es sólo el comienzo. ¡Dejan su casa intacta! Como Israel entrando en la Tierra Prometida, necesitamos fe y audacia, no sólo para entrar, sino también para tomar posesión del territorio para el Señor.

¿Cuál es tu situación? ¿Estás atado en una casa del hombre fuerte? ¿Hay casas del diablo a tu alrededor? Si estás involucrado en la batalla en este momento, ¡coge ánimo! Si necesitas tiempo para recuperar, tómalo. ¡Luego vuelve a la batalla! Prepara una estrategia de oración - con unos hermanos de la misma mente – de como saquear su casa y retomar las posesiones del Señor. Tal vez tienes a un hijo en la casa del hombre fuerte. En ese caso, la oración unida con tu esposa es muy importante, y es de gran alcance. Pide a

Dios que te dé ojos para ver claramente lo que está sucediendo a tu alrededor en el reino espiritual.

Blasfemia contra el Espíritu

[30] *»El que no está de mi parte, está contra mí; y el que conmigo no recoge, esparce.* [31] *Por eso les digo que a todos se les podrá perdonar todo pecado y toda blasfemia, pero la blasfemia contra el Espíritu no se le perdonará a nadie.* [32] *A cualquiera que pronuncie alguna palabra contra el Hijo del hombre se le perdonará, pero el que hable contra el Espíritu Santo no tendrá perdón ni en este mundo ni en el venidero.*

Estos versículos han causado gran consternación entre creyentes: ¿He sido culpable del pecado imperdonable, la blasfemia contra el Espíritu? Jesús está hablando específicamente en el contexto de los fariseos que atribuyen una obra del Espíritu Santo al diablo. Ten mucho cuidado menospreciando lo que el Espíritu hace en otras iglesias. Si estás preocupado que hayas cometido este pecado, probablemente no lo has hecho. Los que blasfeman confían en su propia justicia, están tan cegados que no pueden ver que la sanidad es una obra de Dios, y se endurecen a la convicción de pecado por el Espíritu. Pablo, por ejemplo, creía que los cristianos eran del diablo, pero cuando fue enfrentado con la luz, se arrepintió. El pecado imperdonable puede ser apostasía: endurecer permanentemente el corazón a las obras del Espíritu, incluyendo la convicción de pecado que conduce al arrepentimiento. En el relato de Lucas (12:8-12), incluye renunciar a Jesús bajo presión.

Aunque estos versos son alarmantes, la buena noticia es que hay perdón para todos los demás pecados y blasfemias. Asegúrate que has confesado todo pecado, y luego dale gracias con alegría por tu perdón, recordando lo que le costó.

El versículo 30 parece contradecir lo que Jesús dijo en Marcos 9:40 (*Porque el que no es contra nosotros, por nosotros es.*), pero hay una diferencia importante: En Marcos la gente estaba haciendo milagros en el nombre de Jesús. A diferencia de los fariseos, estaban actuando en fe en Cristo, pero los discípulos estaban celosos. Es importante notar que los fariseos no se quedaron en una zona neutral: O estás con Jesús o en contra de Él. Eso significa que hay un montón de gente amable que están en contra de Jesús, porque Él dijo: O estás recogiendo conmigo o estás esparciendo. Puede ser una buena persona, pero si no está sirviendo a Jesús, es contra Él. Dios atrae a la gente y trae paz; Satanás trae división y contienda.

¿Cómo está tu fruto?

[33] *»Si tienen un buen árbol, su fruto es bueno; si tienen un mal árbol, su fruto es malo. Al árbol se le reconoce por su fruto.* [34] *Camada de víboras, ¿cómo pueden ustedes que son malos decir algo bueno? De la abundancia del corazón habla la boca.* [35] *El que es bueno, de la bondad que atesora en el corazón saca el bien, pero el que es malo, de su maldad saca el mal.* [36] *Pero yo les digo que en el día del juicio todos tendrán que dar cuenta de toda palabra ociosa que hayan pronunciado.* [37] *Porque por tus palabras se te absolverá, y por tus palabras se te condenará.»*

La evaluación de un ministerio de liberación debe ir más allá de lo que se ve en un servicio o en la televisión. ¿Cómo está la vida diaria del ministro? ¿Cómo está su fruto? ¿Cómo está el fruto en su familia? ¿Cómo están sus relaciones con otros ministerios? ¿Cómo están sus conversaciones?

¿Qué llena tu corazón? ¿Cómo se manifiesta en tu hablar? ¿Qué tipo de árbol eres? ¿Cómo está tu fruto?

Ya sabes que tu boca puede causar muchos problemas. Ten cuidado con palabras ociosas. ¡Piensa antes de hablar! ¡Tienes que dar cuenta de todas tus palabras!

Cuando el demonio vuelve

Lucas 11:14-26 puede registrar el mismo incidente, aunque hay algunas diferencias: Mateo pone estas palabras más tarde en el mismo capítulo (12:43-45); Lucas las tiene en el contexto de la enseñanza de Jesús sobre liberación.

[24] *»Cuando un espíritu maligno sale de una persona, va por lugares áridos buscando un descanso. Y al no encontrarlo, dice: "Volveré a mi casa, de donde salí."* [25] *Cuando llega, la encuentra barrida y arreglada.* [26] *Luego va y trae otros siete espíritus más malvados que él, y entran a vivir allí. Así que el estado final de aquella persona resulta peor que el inicial.»*

Los detalles:

- Un espíritu inmundo es echado fuera. La persona ministrando liberación opera en la autoridad dada por Cristo, y tuvo éxito.

- Los demonios nunca quieren salir. Este espíritu estaba cómodo en la persona, pero cuando tiene que salir, busca descanso en lugares áridos.

- Su inclinación es volver a donde moraba antes.

- Esta persona tal vez recibió seguimiento de como ordenar su vida. Ha sido diligente, y tiene su casa limpia y ordenada.

- No hay nada que impida al espíritu volver a esa casa; en efecto, la alfombra de bienvenida está fuera, y la puerta abierta.

- La tendencia para un espíritu inmundo es unirse a otros, aún más siniestros, y volver a "casa".

- Jesús dice que *viven allí*.

- En este caso, la persona termina peor que antes. Tiene el desaliento de pensar que Dios le había liberado, solamente para encontrarse mucho peor. Puede rechazar a Jesús y la iglesia, y ser resistente a la liberación. Aquí el diablo ha ganado la batalla.

¡No tomes la liberación a la ligera! ¡Prepárate bien! Tú puedes hacer mucho daño a otras personas y el reino de Dios.

- Tal como la salvación consiste en más que decir la oración del pecador, la liberación es más que la expulsión de espíritus malignos. Cualquier creyente lleno del Espíritu puede ministrar salvación o liberación, pero una enseñanza sólida es necesaria sobre todas las facetas del ministerio.

- La liberación debe ser ministrada en el contexto de una iglesia local, donde la persona está sometida al liderazgo y recibe seguimiento.

- Parte de la liberación debe ser la oración para recibir al Espíritu Santo, y la enseñanza sobre la vida llena del Espíritu. Si no ha sido bautizado como creyente debe ser bautizado.

- Alguien tiene que andar con la persona, vigilando para el posible regreso del demonio, y ayudándole a crecer en el Señor.

- Si de repente la persona tiene luchas fuertes, puede ser que un espíritu ha regresado, junto con otros aún más destructivos. Prepárate para ministrar liberación otra vez.

5 ¡Dios está contigo!

ay una vez más cuando el ministerio de liberación de Jesús es mencionado, en el discurso de Pedro a Cornelio en Hechos 10:37-38:

Ustedes conocen este mensaje que se difundió por toda Judea, comenzando desde Galilea, después del bautismo que predicó Juan. Me refiero a Jesús de Nazaret: cómo lo ungió Dios con el Espíritu Santo y con poder, y cómo anduvo haciendo el bien y sanando a todos los que estaban oprimidos por el diablo, porque Dios estaba con él.

Aquí también liberación es equiparada con sanidad. Pedro resume el ministerio de Jesús como la curación de gente que estaba bajo el poder del diablo, y haciendo el bien. Podía hacerlo porque Dios estaba con Él, y lo ungió con el Espíritu Santo y con poder. ¿Y sabes algo? ¡Dios está contigo también! ¡Tú puedes experimentar la misma unción y el mismo poder! La vida de Jesús es un ejemplo de lo que Dios puede hacer con una vida sometida a Él. Tu puedes hacer lo que hacía Jesús - y quizás aún más (Juan 14:12).

Innumerables personas están sufriendo bajo opresión demoníaca, mientras tanto la iglesia se ocupa con sus bandas de adoración, prosperidad, y templos grandes. La mayoría no quieren hacer nada con liberación: Es demasiada complicada, demasiada polémica, y demasiada exigente. ¡Se tiene que orar mucho! ¡Aun ayunar! Mientras tanto, algunas familias son destruidas; la gente muere, y la iglesia es vista como una broma. Con demasiada frecuencia, ministerios de sanidad y liberación son despreciados por el mundo - y la iglesia. ¿Es el momento para que tú lo tomes en serio? ¿Necesitas liberación? ¿Hay algún ser querido que la necesita?